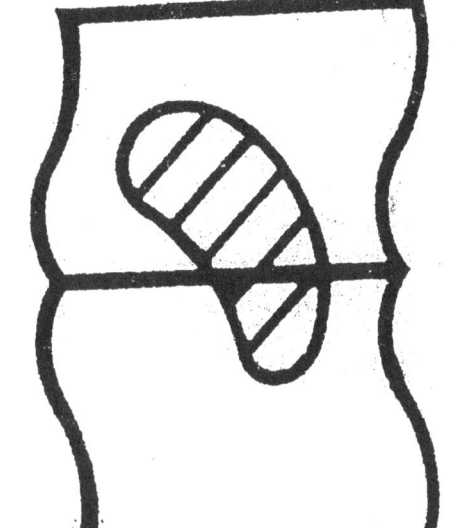

Illisibilité partielle

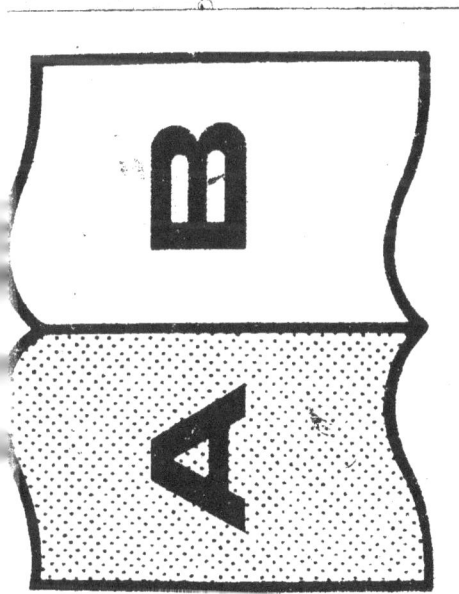

Contraste insuffisant

NF Z 43-120-14

VALABLE POUR TOUT OU PARTIE DU DOCUMENT REPRODUIT.

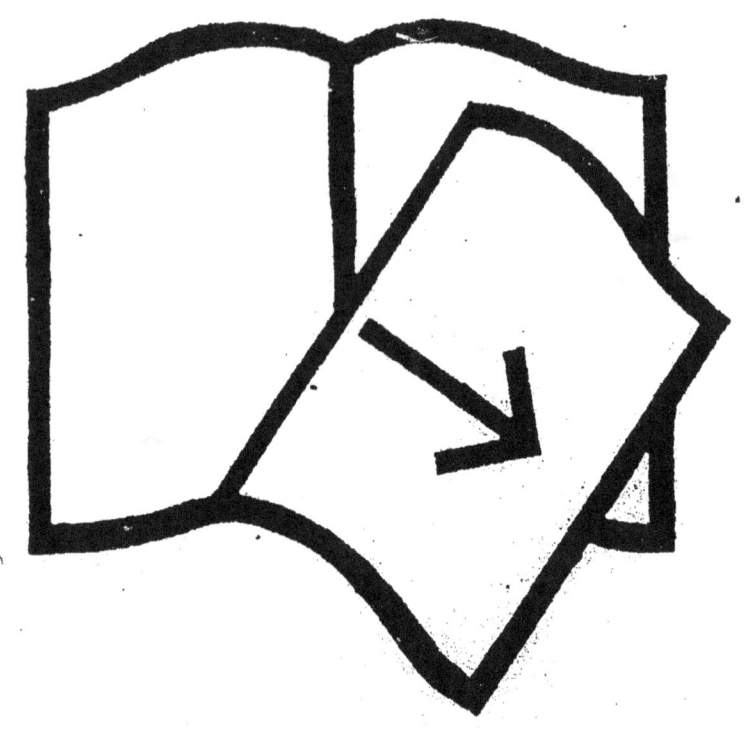

Couverture inférieure manquante

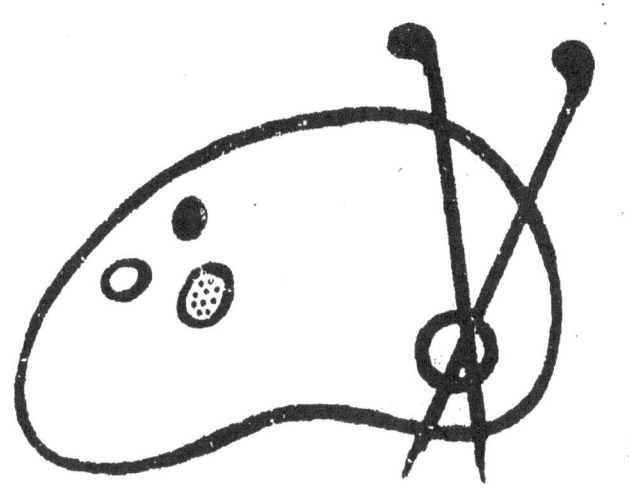

Original en couleur

NF Z 43-120-8

DESCRIPTION

DU

VITRAIL DE SAINT-LÉGER

ÉVÊQUE D'AUTUN

A NOTRE-DAME D'ANDELY

PAR

M. L'ABBÉ PORÉE

CURÉ DE BOURNAINVILLE,
MEMBRE DE LA SOCIÉTÉ FRANÇAISE D'ARCHÉOLOGIE
DE LA SOCIÉTÉ DE L'HISTOIRE DE NORMANDIE
DE LA SOCIÉTÉ HISTORIQUE DE LISIEUX

> L'église du Grand-Andely est une des plus remarquables de la province, par la beauté et la conservation de ses vitraux...
>
> A. GUILMETH. *Chroniques de l'Eure.*

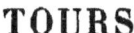

TOURS
IMPRIMERIE PAUL BOUSEREZ
5, RUE DE LUCÉ, 5

1877

DESCRIPTION

DU

VITRAIL DE SAINT-LÉGER

A NOTRE-DAME D'ANDELY

DESCRIPTION

DU

VITRAIL DE SAINT LÉGER

ÉVÊQUE D'AUTUN

A NOTRE-DAME D'ANDELY

PAR

M. L'ABBÉ PORÉE

CURÉ DE BOURNAINVILLE,
MEMBRE DE LA SOCIÉTÉ FRANÇAISE D'ARCHÉOLOGIE
DE LA SOCIÉTÉ DE L'HISTOIRE DE NORMANDIE
DE LA SOCIÉTÉ HISTORIQUE DE LISIEUX

> L'église du Grand-Andely est une des plus remarquables de la province, par la beauté et la conservation de ses vitraux...
>
> A. GUILMETH. *Chroniques de l'Eure.*

TOURS
IMPRIMERIE PAUL BOUSEREZ
5, RUE DE LUCÉ, 5

1877

DESCRIPTION

DU

VITRAIL DE SAINT-LÉGER

A NOTRE-DAME D'ANDELY

« Il y aurait certainement un gros et bien curieux livre à faire sur les vitraux de l'église du Grand-Andely, » écrivait, en 1860, M. Édouard Didron (1). Quand une ville a la bonne fortune de posséder une magnifique église, renfermant elle-même des richesses artistiques de premier ordre, il importe de faire connaître, par les livres ou la gravure, à tous les amis des arts, ce qu'un petit nombre de privilégiés peut seul contempler dans la réalité.

On ne connaît pas assez les vitraux de Notre-Dame d'Andely. Sans avoir, peut-être, la valeur exceptionnelle des verrières de Sainte-Foy de Conches, de Saint-Vincent et de Saint-Patrice de Rouen, de Saint-Étienne de Beauvais, ils peuvent cependant être placés, pour leur nombre et leur éclat, au rang des plus belles vitreries de la Renaissance en Normandie et même en France.

Faire connaître davantage et mieux apprécier ces belles pages de l'art français, y attirer, non le regard distrait du simple curieux qui voit et passe, mais celui

---

(1) E. Didron. *Les vitraux du Grand-Andely*, page 1.

du peintre et de l'artiste qui étudie et s'instruit; telle est la pensée qui a dicté les quelques pages qui vont suivre.

I.

La verrière que nous décrivons ici se trouve placée dans l'une des chapelles méridionales dédiée à saint Joseph, et correspondant à l'une des travées de la nef. La tracerie de la fenêtre est fort simple. Quatre meneaux s'élèvent jusqu'à la voussure; le tympan est formé par une traverse supportée par cinq petits arcs ogives inscrits dans les baies de la zone inférieure (1).

Ce vitrail, qui nous fait assister aux épisodes principaux de la vie de saint Léger, offre un intérêt particulier pour notre histoire nationale. Saint Léger est, en effet, l'une des plus grandes figures épiscopales qui se dessinent à l'origine de nos annales. Il est bien de ces évêques dont un publiciste a dit « qu'ils construisirent la monarchie française comme les abeilles construisent une ruche (2) ». Cette image nous peint fidèlement la persévérance et la modération des évêques qui finirent par user et adoucir la fougue barbare des Gaulois et des Francs.

Nous extrayons de l'excellente Histoire Ecclésiastique de M. l'abbé Darras, un abrégé de la vie de saint Léger, qui fera connaître de combien de labeurs, de tribulations et d'amertumes fut remplie cette existence avant d'être couronnée par le martyre (3).

Léger, Leodegarius, naquit en Austrasie, vers l'an

---

(1) Cette verrière a été fort habilement restaurée par M. E. Didron, aux frais de Mgr Devoucoux, évêque d'Évreux, ancien vicaire général d'Autun.

(2) De Maistre. Du pape, discours préliminaire.

(3) Darras. *Hist. gén.* *de l'Église*, tome XVI, page 198 à 241. Passim.

615, de cette noble famille des ducs d'Alsace, véritable dynastie de rois, d'où devaient sortir plus tard Robert le Fort, Hugues-Capet, Rodolphe de Habsbourg, Maximilien d'Autriche. Il fut élevé dans l'école du palais de Clotaire II, sous la direction de Sulpice le Pieux. Son oncle maternel Diddo, évêque de Poitiers, l'appela dans cette ville et en fit son archidiacre. Mais, se voyant mêlé, malgré lui, à des intrigues politiques, le jeune archidiacre renonça aux dignités ecclésiastiques pour s'enfermer au monastère de Saint-Maixent dont il devint bientôt abbé (1).

Clovis II, roi de Bourgogne et de Neustrie étant mort en 656, laissant pour successeur son fils Clotaire III encore enfant, Bathilde, mère du jeune prince, fut proclamée régente, et prit pour ses conseillers saint Éloi, évêque de Noyon, saint Ouen, archevêque de Rouen, et saint Léger, qui peut-être a joué le rôle le plus considérable des trois. Il y avait six années que saint Léger était au monastère de Saint-Maixent quand la reine Bathilde vint l'en arracher pour en faire l'aumônier de la chapelle mérovingienne, le précepteur des jeunes rois et son propre conseiller. Ces puissantes faveurs firent naître dans le cœur d'Ebroïn, le maire du palais, une haine sourde mais profonde. Aussi, lorsqu'à la mort de Ferréol, évêque d'Autun, il lui fallut nommer un successeur, Ebroïn sut se débarrasser d'un odieux rival en faisant placer le conseiller de la reine sur ce siége épiscopal, en 659.

Évêque, saint Léger se voua tout entier à son ministère pastoral et réunit un Concile, où, selon quelques auteurs, les évêques de la Gaule se trouvèrent au nombre de cinquante-quatre (2).

---

(1) *Leodegarii vita seu passio*, auctore *Ursino*. Tome 96, col. 336.

(2) D. Pitra. *Histoire de saint Léger*, page 177.

La mort inopinée de Clotaire III fut l'occasion de troubles sérieux. Les deux frères du roi défunt se disputaient le trône. Thierry III eut quelque temps le pouvoir en Neustrie, grâce aux intrigues d'Ebroïn, mais sa mauvaise administration fut cause de sa chute, et bientôt Childéric II, qui régnait déjà en Austrasie, fut proclamé roi en 670.

La *Vie de saint Léger* écrite au xie siècle par Fruland moine de Murbach, nous apprend qu'après la mort de Clotaire III, les leudes et les évêques de toute la France s'assemblèrent sous la présidence de l'évêque d'Autun, comme étant l'homme capable de donner de sages conseils et de les soutenir de son influence. Tous les seigneurs furent unanimes à choisir Childéric. Le jeune prince reçut la couronne royale et fut proclamé roi au milieu de la joie de tout le peuple (1).

Saisi de crainte à la nouvelle de cet avénement, Ebroïn se réfugia dans une église, sous la sauvegarde du droit d'asile. Les leudes le voulaient mettre à mort; il dut la vie aux prières de saint Léger, et fut enfermé au monastère de Luxeuil.

L'évêque d'Autun fut appelé à la cour pour être le conseiller du jeune roi Chidéric, car, dit son biographe, l'évêque avait un génie vraiment restaurateur. Mais comme le roi, au mépris des lois ecclésiastiques, venait d'épouser sa cousine germaine Bilihilde, l'évêque osa

---

(1) Childericus regni diademate coronatus, magnâ cum exaltatione Francorum rex est effectus. — Vita seu passio S. Leod. auct. Frulando, cap. XI. Ce passage nous est précieux, car le fait qu'il raconte forme le sujet d'une des scènes de notre vitrail, et dans aucune autre chronique il n'est parlé de ce couronnement. Or, d'après le récit de l'Annaliste de Murbach, il est très-vraisemblable que Childéric ait reçu la couronne des mains de celui à qui il devait son élévation au trône.

lui dire en face que s'il ne rompait cette alliance incestueuse, la vengeance de Dieu le frapperait bientôt. Childéric, d'abord ému de ces justes reproches, fut bientôt circonvenu par ses courtisans qui lui persuadèrent que Léger usurpait son autorité, et parvinrent même à le faire tremper dans un complot qui avait pour but l'assassinat du Pontife.

Le 3 avril 673, Childéric arrivait à Autun pour y célébrer les fêtes de Pâques, suivant l'usage qu'avaient les rois mérovingiens de passer ces solennités dans l'une des villes importantes du royaume. C'était, de sa part, un acte d'hypocrisie profonde : il voulait faire déposer canoniquement Léger, qu'il regardait comme son ennemi personnel. Toutefois, cédant aux prières des habitants d'Autun, il se contenta d'exiler l'homme de Dieu au monastère de Luxeuil, le 10 avril 673 (1). Quelques mois après Childéric était assassiné par Bodilo dans la forêt de Livry.

Cette mort ouvrit les portes au captif de Luxeuil : une députation des nobles d'Autun vinrent supplier saint Léger de reprendre le chemin de sa ville épiscopale et de la consoler de son veuvage.

Bientôt après, l'évêque d'Autun allait à l'abbaye de saint Denys couronner le jeune roi Thierry III reconnu roi de Neustrie, et après avoir prêté serment de fidélité au nouveau roi, il rentra au milieu de son fidèle troupeau.

De son côté, Ebroïn présentait aux leudes d'Austrasie un enfant inconnu qu'il faisait passer pour l'héritier de Clotaire III. A la tête d'une poignée de scélérats, le fougueux maire du palais vint attaquer Thierry, le chassa de la Neustrie et plaça sur le trône cet enfant, qui lui-même devait bientôt faire place à Dagobert II. Ebroïn retournant alors contre Léger toute la fureur dont il

---

(1) *Vita seu passio S. Leod. Patrol. lat.* Tome 96, col. 350.

etait animé, résolut d'avoir à tout prix sa tête. Mais, protégé comme l'était l'évêque d'Autun par la ghilde armée qui veillait à sa défense derrière les remparts, il fallait un siége en règle pour s'emparer de sa personne. Vaïmer, duc de Champagne, jura qu'il prendrait l'évêque, et vint camper dans la plaine d'Augustodunum. Voulant que son troupeau fût épargné, saint Léger alla lui-même se livrer à ses ennemis : c'était en 676. On eut la barbarie de lui arracher les yeux, et pendant que des stylets de fer creusaient ses orbites sanglants, le martyr disait : « Je vous rends grâce, ô Dieu tout-puissant, d'avoir daigné glorifier en ce jour votre serviteur ! » Il fut en cet état remis à Vaïmer. Arrivé à Troyes, celui-ci reçut d'Ebroïn l'ordre de perdre saint Léger dans une forêt, pour qu'il y mourût de faim. Cet ordre cruel fut exécuté; mais quelque temps après, Léger était retrouvé vivant. Ému de ce prodige, le duc de Champagne se convertit ainsi que sa femme, et permit au saint évêque de résider dans une abbaye que l'on pense être Montier-en-Der, près de Vitry-le-François. Ebroïn, furieux de voir sa proie lui échapper, le fit jeter dans une citerne pavée de cailloux aigus, lui fit couper la langue et les lèvres, et le remit aux mains d'un de ses leudes nommé Vanning. Celui-ci trompa également la cruauté de son maître, et conduisit Léger à l'hospice de Fécamp, dirigé par la bienheureuse Childomerga (1). Dans cet asile, le bienheureux évêque, horriblement mutilé, recouvra miraculeusement la parole, et c'est alors qu'il dicta pour sa mère, sainte Sigrade, une longue lettre que D. Pitra met au rang des sublimes épîtres des Polycarpe et des Ignace Théophore (2).

Enfin, Ebroïn réussit à faire comparaître l'évêque de-

---

(1) *Vita seu passio*, loc. cit., col. 342.
(2) *Vita seu passio*, loc. cit., col. 373. — D. Pitra. *Hist. de S. Léger*, page 344.

vant le roi Thierry et une assemblée de leudes et d'évêques courtisans qui devaient le dégrader de son sacerdoce. L'infâme tyran lui demanda s'il se reconnaissait coupable du meurtre de Childéric. Il protesta que Dieu savait son innocence. Ni le roi, ni ses leudes ne voulurent condamner l'évêque ; mais Ebroïn lui fit déchirer ses vêtements par ses valets ; puis l'ayant envoyé, sous la garde du comte Robert, dans le pays d'Arras, il le fit décapiter dans la forêt d'Ivelines, le 3 octobre 678. Des quatre bourreaux chargés de l'égorger, il y en eut trois qui, voyant briller au-dessus du martyr une clarté céleste, se jetèrent à ses genoux, le priant de leur pardonner et de les bénir. Le quatrième abattit d'un seul coup la tête du saint. Le corps fut enseveli dans un oratoire de la ville de Sarcing, avec les vêtements qu'il portait au moment du supplice (1).

Plus tard, les reliques de saint Léger furent transportées à Poitiers, en 681, et de là transférées à Saint-Maixent, en 684. Au temps des invasions normandes, les moines de Saint-Maixent portèrent à Rennes les ossements de leur saint renfermés dans une châsse d'ivoire. A leur retour, ils distribuèrent quelques reliques, et en envoyèrent aux nouveaux monastères ou églises qui s'élevaient en l'honneur de ce saint. Ainsi, on en envoya à l'église de Saint-Léger-d'Ouillie, près Lisieux, vers l'an 1005, et à Saint-Léger-sur-Bonneville près Pont-Audemer, en 1035 (2).

Cet évêque illustre, cet administrateur sagace, ce défenseur intrépide des droits de l'Église et du Trône, ce martyr de la liberté nationale, comme l'appelle le vieil historien Mézeray, fut aussi un saint dont le culte devint populaire en Normandie pendant tout le moyen

---

(1) *Vita seu passio*, loc. cit., col. 364, 366.
(2) D. Pitra, *Histoire de saint Léger*, page 405 et suivantes.

âge. — Nous voyons dans le diocèse d'Évreux actuel six églises placées sous son vocable. Il n'est pas étonnant de rencontrer une chapelle dédiée, autrefois, à ce saint dans l'église d'Andely, dans cette contrée du Vexin, au cœur si français, et honorée, dès le berceau de la monarchie, par la piété et le souvenir de la reine sainte Clotilde. Saint Léger, se rendant de Montier-en-Der à Fécamp, s'arrêta-t-il à Andely, où dans quelque lieu du voisinage? Serait-ce en souvenir de ce passage, qu'une chapelle, remplaçant un lieu de dévotion détruit, lui aurait été dédiée depuis des siècles? Ou bien encore, le donateur inconnu de la verrière a-t-il simplement voulu que le sujet représentât la vie et les actes principaux de son saint patron? L'histoire locale est demeurée pour nous muette sur ce point comme sur bien d'autres. Toutefois, nous savons qu'un acte, à la date de 1628, parlait d'une chapelle de Saint-Léger (1). Mais quel est cet acte, quelle en est la valeur, quels renseignements renfermait-il? Nous l'ignorons. Un autre indice qui établirait l'existence du culte de saint Léger à Andely, et prouverait que cette chapelle lui fut autrefois dédiée, c'est un monogramme SL, peint au XVIIIe siècle sur un cul-de-lampe placé à droite de l'autel, et qui supportait vraisemblablement la statue du saint évêque.

II.

Description de la verrière (2). — Tympan de la fenê-

(1) Notes inédites de M. de Ruville. — Portefeuille de l'auteur.

(2) Pour la description de cette verrière, qui comprend dix panneaux ou sujets, nous commencerons par la partie supérieure, en suivant de gauche à droite. Nous n'interromprons cet ordre que pour l'explication du panneau 9,

tre. — Les écoinçons I et V sont occupés par deux petits anges nus, aux ailes rouges et vertes, soutenant, à l'aide d'une cordelière passée sur l'épaule, un large cartouche. Le premier à gauche, porte l'inscription suivante, qui se rapporte au sacre de saint Léger, du panneau II.

> Sainct Léger fust euesque de rauéne (1)
> pour les uertus que luy voyét fleurir
> petits et grands. Sathan qui cable et uîne
> les plus parfaicts. apres les faict mourir.

L'inscription du cartouche de droite est ainsi conçue :

> Auec le roy dont soing auait et cure
> il fist la pasque assis aupres de luy.
> ses ennemis en eurent grât ennuy.
> mais sainct léger biē pr̄ mal lē procure.

Cette légende est relative au panneau IV qui représente saint Léger faisant la pâque avec le roi Childéric II, à Autun.

PANNEAU II. — Sacre de saint Léger, évêque d'Autun. Saint Léger est assis sur un trône à pieds contournés ; il paraît extrêmement jeune, bien qu'à cette époque de sa vie, il n'eût pas moins de quarante-quatre ans. Sa tête n'est pas nimbée ; nous le voyons revêtu de tous les ornements pontificaux, l'aube de lin, la tunicelle violette, la chape rouge, les chaussures jaunes et les

représentant saint Léger à l'hospice de Fécamp, et qui dans l'ordre chronologique doit précéder le panneau 3, au milieu de la verrière, où saint Léger a été dépouillé de ses vêtements d'évêque.

(1) Il est probable que le peintre a mis pour la rime Ravenne pour Autun.

gants bleus ; ses mains sont jointes. Les deux prélats consécrateurs déposent la mître sur sa tête ; l'un d'eux, mître en tête, porte une chape verte avec une agrafe d'or ; l'autre, également mitré, est revêtu d'une aube, d'une chape bleue, de gants verts et de chaussures violettes. A gauche, on aperçoit un clerc en tunique violette, portant la crosse du nouvel évêque ; cette crosse d'or relevée d'ornements d'argent et de pierreries est d'un éclat éblouissant. Le second plan est occupé par d'autres clercs portant la croix, les cierges et les crosses des deux autres évêques. Dans le fond, les murs de la basilique des saints Celse et Nazaire à Autun, où fut sacré saint Léger (1).

PANNEAU III. — Couronnement du roi Childéric II. Le roi est sur un trône, magnifiquement vêtu en empereur romain. Il a les bras et les jambes nues, le sceptre à la main, un manteau agrafé sur l'épaule gauche. Saint Léger, portant la mître, l'aube et la chape rouge, dépose la couronne sur la tête de celui qu'il vient de faire proclamer roi des Francs. Derrière lui, un clerc en surplis porte la crosse. A droite, au premier plan, un moine à la tête rasée, vêtu d'une robe blanche et d'un scapulaire noir, semble étendre la main droite. Devant lui, un soldat couvert d'un bonnet phrygien et d'une cotte rouge, porte un petit étendard bleu à trois fleurs de lis. Un autre soldat, casque en tête, revêtu d'une cotte verte, porte un fanion semblable. Dans le fond, plusieurs personnages que l'on n'aperçoit qu'imparfaitement. Il existait, autrefois, un fragment d'inscription au bas de ce panneau.

PANNEAU IV. — Childéric célébrant la pâque avec

(1) D. Pitra. *Histoire de saint Léger*, page 162. — Voir dans le même ouvrage, l'imposant cérémonial du sacre d'un évêque, d'après l'antique liturgie gallicane, page 165.

saint Léger à Autun. — Il ne faudrait pas entendre, par ces mots, que Childéric vint communier à Pâques des mains de saint Léger. L'histoire nous apprend, au contraire, que Childéric venu à Autun, avec le projet criminel d'assassiner le saint évêque, osa, néanmoins, recevoir le corps de Jésus-Christ des mains de l'hypocrite Marcolinus, sorte de reclus qui vivait près du monastère de Saint-Symphorien d'Autun. Notre vitrail nous montre donc saint Léger dans un repas offert à Childéric, en 670, à l'occasion des solennités pascales. Sous un large dais d'étoffe rouge richement damassée, saint Léger revêtu de la mitre précieuse, d'une tunicelle verte et d'une chape bleue, est assis près du roi. Childéric, le sceptre en main, a un costume à peu près semblable à celui du panneau précédent. Il est assis sur un trône ayant des griffons pour accoudoirs : un chien est couché à ses pieds. Le jeune roi baisse la tête et semble écouter avec ennui les sages remontrances de saint Léger, qui étend le bras vers lui : l'évêque lui reproche, sans doute, ses débordements scandaleux et son mariage avec sa cousine germaine Bilihilde, qu'il avait amenée avec lui à Autun. La table du festin, recouverte d'une nappe damassée, est chargée de fruits. Un serviteur vêtu d'une tunique violette apporte une large aiguière. A l'extrémité de la salle, on voit un petit page portant un manteau bleu et un toquet noir à plume bleue. — Le fond de la salle est tendu d'une draperie verte.

Partie carrée du vitrail. — PANNEAU VI. — La scène, assez obscure du reste, représentée dans ce panneau a beaucoup exercé la perspicacité de tous ceux qui ont étudié les vitraux d'Andely.

Les uns prétendent qu'elle figure saint Léger sortant des murs d'Autun, où il était assiégé par le comte de Champagne, et se livrant lui-même à ses ennemis. L'attitude respectueuse du seigneur auquel parle l'évêque ne semble pas permettre de s'arrêter à cette opinion.

Selon d'autres, on viendrait annoncer à saint Léger la nouvelle de son élévation à l'épiscopat. Mais la scène se passe près d'une abbaye, et c'est à la cour de Bathilde que Léger fut nommé évêque.

Enfin, d'autres y ont vu un noble Franc venant chercher saint Léger à l'abbaye de Saint-Maixent de la part de la reine Bathilde, qui en voulait faire le précepteur de ses enfants et son propre conseiller (1).

Pour nous, et M. de Ruville s'est arrêté à une opinion à peu près identique (2), cette scène représente les nobles de la cité d'Autun venant, ainsi que nous l'apprennent les Actes de la vie du saint, chercher à l'abbaye de Luxeuil leur bien-aimé évêque sacrifié à la cruauté jalouse de Childéric. Ce roi vient de mourir; les fers du captif sont brisés, et on lui remet aux mains la crosse, signe de cette autorité dont l'avait injustement privé un pouvoir despotique. Cette explication, nous le savons, ne porte pas l'évidence avec elle, et nous laissons à d'autres à donner le dernier mot de cette interprétation. Mais ce qui nous a surtout déterminés à proposer la nôtre, c'est un fragment d'inscription placé autrefois au bas du panneau, et enlevé au moment de la restauration. Sur ce fragment, se lisait ce mot : Luxeuil. Or, l'explication que nous donnons est la seule où ce mot puisse être placé d'une manière significative.

Au premier plan de ce panneau, à gauche, saint Léger revêtu, comme un simple prêtre, d'une robe

---

(1) E. Didron. *Vitraux du Grand-Andely*, page 15.

(2) De Ruville. *Histoire de la ville des Andelys*. Tom. I., page 442. — Toutefois M. de Ruville se trompe en disant que c'est sur l'ordre du roi Childéric que saint Léger quitta l'abbaye de Luxeuil. Ce n'est qu'après la mort du roi que l'évêque d'Autun recouvra sa liberté.

rouge et d'un surplis à larges manches, porte des souliers bleus, et sur l'épaule gauche un chaperon de couleur rouge. Cette figure, très-finement dessinée, est pleine de douceur et de fermeté. L'évêque est accompagné de deux religieux dont l'un porte la tonsure monacale et une longue barbe ; il étend le bras vers le seigneur Franc ; sa robe est violette et ses chaussures bleues : vrai type de moine, plein de vigueur et d'expression. On ne voit de l'autre religieux que la figure encapuchonnée. A gauche, est un personnage à barbe blanche, avec toque jaune et casaque bleue. Le noble seigneur qui adresse la parole à saint Léger est revêtu d'un de ces magnifiques costumes de la Renaissance, que la coupe étriquée de nos habits modernes fera toujours regretter. Il est tête nue ; son visage sévère s'encadre d'une longue barbe brune. Il est revêtu de la fraise plissée, d'un pourpoint cramoisi à crevés, d'une pèlerine d'hermine, d'un manteau rouge, de hauts-de-chausses vertes et de bottes bleues ; une riche épée est suspendue à son côté. D'une main, il tient soit des gants, soit un parchemin roulé ; de l'autre, la crosse d'or, qu'il apporte à saint Léger, au nom des habitants d'Autun. A droite, au second plan, on aperçoit la figure épanouie d'un homme coiffé d'une toque rouge et vêtu d'un pourpoint bleu à col de fourrure.

Le fond du sujet est occupé par un édifice intéressant à étudier. C'est l'église de l'abbaye de Luxeuil, où saint Léger avait été exilé. La porte ouverte laisse apercevoir une rangée de piliers cantonnés et une série de fenêtres. Au-dessus du portail est adossée la statue d'un abbé tête nue et portant la crosse ; un dais sculpté la surmonte. Le pignon de l'église est orné d'une rosace flamboyante, et la pointe percée d'un œil-de-bœuf. Sur les combles s'élèvent une croix dorée et une petite flèche. Des arcs-boutants se profilent sur les deux côtés de l'église.

PANNEAU VII. — Supplice de saint Léger. — Après s'être livré lui-même aux ennemis qui l'assiégeaient dans la ville d'Autun, l'évêque est devenu l'objet de leur vengeance. Saint Léger, en costume épiscopal est assis, les bras attachés au dossier de son siége. Il est sans nimbe et porte la mitre, l'aube, une longue tunicelle jaune brochée, une chape rouge et des souliers violets. Les traits de son visage se contractent sous l'horrible supplice qu'on lui fait endurer. L'un des bourreaux, barbu, casque en tête, vêtu d'une tunique bleue et d'un manteau rouge, lui tient la tête fixe dans ses deux mains, tandis qu'un second tortionnaire, vieillard à longue barbe blanche et tête nue, lui crève les yeux avec un gros foret de charpentier, tout en détournant la tête d'horreur. Le costume de ce bourreau est fort curieux. Il porte un pourpoint vert séparé d'un haut-de-chausses bleu par une ceinture violette : ses bottes à retroussis bleu clair sont ornées d'une large agrafe de cuivre à tête de lion.

Au second plan, à droite, un personnage à barbe blanche, qui porte un casque de couleur violette, une tunique grise et un manteau rouge, est assis sur une haute estrade ; il étend son sceptre, et semble suivre attentivement la marche du supplice qu'il vient d'ordonner. Son siége, à haut dossier, est surmonté d'une draperie pourpre attachée aux branches d'un arbre et forme un dais. Cet homme est sans doute Vaïmer, quoique les Actes de la Vie de saint Léger nous disent qu'il ne fut remis aux mains du comte de Champagne qu'après avoir eu les yeux crevés. Près de Vaïmer est un personnage qui, le menton dans sa main, assiste impassible à cette scène atroce : il est coiffé d'une sorte de chaperon bleu et enveloppé d'un ample manteau violet. A la gauche du panneau, un jeune homme vêtu d'une tunique rose pâle semble causer à son voisin : un autre spectateur du supplice, portant une barbe rouge, est coiffé d'une draperie de couleur blanche. A l'arrière plan, on aperçoit une église, des tourelles, les remparts de la ville d'Autun assiégée par le comte de Champagne. Dans le lointain, une rivière coule au bas d'une colline; tout ce paysage est peint sur un fond bleu ardoisé. Des fragments d'inscription se lisaient autrefois au bas de ce panneau : ils ont disparu.

PANNEAU IX (1). — Saint Léger enfermé par l'ordre d'Ebroïn dans l'hospice de Fécamp. — Après avoir fait couper à saint Léger la langue et les lèvres, Ebroïn avait donné l'ordre à Vanning, l'un de ses leudes, d'emprisonner l'évêque d'Autun. Ce noble seigneur, ému de pitié, déjoua les cruels projets de l'ancien maire du palais, et conduisit l'évêque proscrit à l'hospice de Fécamp. Ce lieu de réclusion se présente dans le vitrail sous la forme d'une vaste tour ronde surmontée d'un campanile circulaire avec sa clochette. Aux nombreuses ouvertures grillées des divers étages se montrent plusieurs reclus. Au rez-de-chaussée de la tour, une fenêtre cintrée et défendue par de solides barreaux de fer nous laisse apercevoir à mi-corps saint Léger, les bras enchaînés, portant la mître, l'aube et la chape rouge. Un nimbe rayonnant environne sa tête, et l'Esprit-Saint, l'Esprit Consolateur sous la forme d'une colombe nimbée, vient visiter l'évêque dans sa prison, et l'illumine de ses rayons divins. Les traces de l'horrible mutilation qu'a subie saint Léger ne sont pas apparentes : l'artiste a voulu sans doute représenter par là le miracle par lequel le saint martyr, arrivé à Fécamp, recouvra l'usage de la parole. Saint Léger adresse de pieuses exhorta-

(1) Pour suivre, dans l'ordre chronologique, l'histoire de saint Léger, il faut franchir le panneau 8 pour arriver au suivant qui nous représente saint Léger dans l'hospice de Fécamp.

tions à deux personnes, dont l'une, vue de dos, est revêtue d'un pourpoint jaune à manches vertes, d'un manteau rouge et de chausses blanches : elle est tête nue; sa figure tournée de profil et ombragée d'une longue barbe brune, est remarquable de noblesse et d'énergie; l'autre, vue de face, porte également une barbe épaisse, elle est revêtue d'un casque de couleur verte, d'un manteau bleu et de chausses de la même couleur. Au pied de la tour, une vieille femme, assise par terre, écoute avec attention les enseignements du saint évêque. Elle porte une coiffe blanche, une robe violette à manches bleues, et tient dans ses bras un jeune enfant nu qui joue avec un chien. A l'arrière-plan, on aperçoit les bâtiments de l'hospice de Fécamp et plusieurs moines.

PANNEAU VIII. — Saint Léger est dépouillé de ses vêtements pontificaux. — L'artiste verrier a choisi la scène un peu étrange, il faut l'avouer, où Ebroïn furieux de n'avoir pu faire condamner saint Léger, a ordonné à ses valets de lui déchirer sa robe d'évêque. Saint Léger avait comparu devant le roi Thierry et plusieurs seigneurs du royaume, sous l'inculpation calomnieuse de complicité dans le meurtre de Childéric : mais nul n'avait osé le condamner. Ce dut être en dehors de cette assemblée qu'Ebroïn outragea ainsi honteusement l'évêque d'Autun. Le peintre a représenté ce tribunal privé, où siégeaient l'injustice et la haine, au moyen duquel Ebroïn put infliger un dernier affront à sa victime avant de lui ôter la vie. Saint Léger, dépouillé de ses ornements pontificaux, est en chemise, pieds nus, les mains garrottées par des cordes. Sa tête, sans nimbe, a conservé la mitre épiscopale; il se détourne et regarde sévèrement ses juges en leur reprochant leur indigne cruauté. Deux soldats l'emmènent hors du tribunal. L'un d'eux, figure ramassée, à barbe brune, porte un petit chapeau rond de couleur violette, un pourpoint rouge à jaquette bleue, et des chausses violettes ; une large épée est suspendue à sa ceinture. L'autre soldat, qui regarde les juges et prend leurs ordres, porte un casque à chenille jaune, une tunique cramoisie et des hauts-de-chausses bleuâtres ; à sa ceinture pend une sorte de couteau de boucher. Au second plan, à gauche, sous une large tenture rouge attachée à un arbre, s'élève une estrade. Ebroïn portant une barbe rousse, la tête enveloppée dans les plis de son manteau violet, est revêtu d'une tunique grisâtre. Il tient de la main droite un parchemin roulé, et menace de la gauche l'évêque qui lui reproche la multitude de ses crimes. A la gauche d'Ebroïn sont assis deux juges complaisants qui parlent entre eux. L'arrière-plan est occupé par un paysage bleuâtre d'une bonne perspective ; deux hommes s'éloignent en causant. La partie supérieure du panneau est remplie par un arbre verdoyant, dont les branches supportent un cartouche avec une inscription qui nous eût sans doute donné, avec la date, les noms du donateur de ce vitrail, mais qui est malheureusement fort incomplète :

lan mil cinq cent. . . . . . .
. . . eprouuee . . . .
. . . sainct lege . . . .
plus le . . . .
pour . . . .
ceste . . . . place.

Au bas de ce même panneau, on lisait autrefois ces mots : *du diable possedé*. . . . Ce fragment d'inscription, trop mutilé, n'a pas été replacé lors de la restauration du vitrail.

PANNEAU X. — Martyre de saint Léger. — Ce fut dans la forêt d'Ivelines, dans le pays d'Arras, que saint Léger fut décapité par ordre d'Ebroïn. Cette scène suprême forme le sujet du dernier panneau de notre verrière. Saint Léger vient de subir son supplice : sa tête gît à terre loin du tronc et la mître est près d'elle. Le corps de l'évêque, encore agenouillé, est revêtu des ornements sacrés, aube, chape rouge. Ses mains sont liées par des cordes. Le bourreau, qui vient de lui trancher la tête, brandit encore son sabre recourbé : il porte un casque richement ciselé, une tunique jaune entr'ouverte, et des hauts-de-chausses bleus : ses jambes sont nues, et une sorte d'écharpe bleue entoure son cou. Il lève la tête et voit l'âme de saint Léger emportée par les anges dans le sein du Père éternel. L'âme du saint, selon les traditions iconographiques du moyen âge, mais qui s'effaçaient déjà au XVIe siècle, apparaît sous la forme d'un petit enfant nimbé, nu, les mains jointes. Quatre anges, vêtus de longues tuniques, la soutiennent dans leur bras, et la présentent au Père éternel, qui est porté par des nuages : c'est un vieillard vénérable, à longue barbe blanche, portant la tiare sans nimbe et un manteau bleu. Trois personnages assistent, près du bourreau, à cette scène que l'artiste a su rendre vraiment saisissante. Ce sont, sans doute, les trois sicaires d'Ebroïn, dont parlent les Actes de la Vie de saint Léger, et qui, touchés par la grâce, demandèrent et obtinrent de lui leur pardon. L'un d'eux, placé à la gauche du panneau, presque au premier plan, regarde avec horreur le corps inanimé du saint évêque. Il est tête nue, les cheveux courts, la barbe rase : cette figure admirablement dessinée exprime une sauvage énergie. Cet homme porte une tunique jaune et un manteau pourpre. Près de lui, un autre personnage à longue barbe, revêtu d'une tunique verte, d'un manteau rouge et d'un bonnet de même couleur, détourne vivement la tête. Le troisième levant les yeux au ciel d'où rayonne une lumière surnaturelle, considère l'âme de saint Léger portée par les anges : il porte une longue barbe, un toquet rouge, et une tunique jaune sur un pourpoint rouge. A ses pieds, deux hommes étendus à terre et dont on n'aperçoit que la tête. L'arrière-plan est occupé par un fond d'architecture.

———

Ce vitrail est peut-être, de tous ceux que possède l'église du Grand-Andely, celui qui offre le dessin le plus sobre, le plus correct et le plus élégant ; quelques-unes des scènes qu'il représente, la Pâque de Childéric, saint Léger à l'abbaye de Luxeuil, saint Léger dépouillé de ses vêtements, son dernier supplice, sont de vrais tableaux, traités avec cette vigueur et ce relief que l'on retrouve dans les compositions des vieux maîtres florentins de la fin du XVe siècle. Toutefois, dans notre vitrail, on sent un pinceau tout français, et les costumes, pour n'être pas de la belle époque de la Renaissance, sont, pour la plupart, des vêtements en usage sous Charles IX et Henry III. Les têtes sont fines et généralement bien modelées, les figures courtes, les traits fortements accusés ; l'énergie en est l'expression dominante ; les personnages ont tous une certaine raideur dans l'attitude. Vue de près ou de loin, ces têtes conservent toute leur expression et toute leur finesse.

Une remarque fort curieuse : c'est que les ombres dans presque toutes les figures, sont accusées au moyen de hachures de couleur brune croisées en divers sens, et telles qu'on les emploie dans la gravure. Ce procédé, assez peu usité dans l'art du verrier, a produit cependant, dans notre vitrail, des effets d'ombre admirablement calculés.

Comme harmonie de tons et de couleurs, cette verrière, vue à une certaine distance, conserve une teinte générale très-douce : point de ces masses blafardes formant un vide au milieu de couleurs plus vigoureuses ;

point de ces contrastes criards qui vous déconcertent, et produisent sur le regard l'espèce de crispation nerveuse qu'infligent aux oreilles les notes discordantes de plusieurs instruments de musique; vous êtes en présence d'une gamme puissante de tons richement variés.

Vu de près, le vitrail prend un tout autre aspect. Je ne sais quoi d'accentué, de vigoureux vous frappe et vous saisit : la pensée du peintre se dégage brusquement; la perspective se ramasse, se raccourcit; les couleurs deviennent plus intenses; les personnages s'animent; on dirait qu'ils vont se mouvoir et parler. Cette œuvre est l'un des rares spécimens de l'art du XVIe siècle où le verrier a su donner à chaque figure une expression propre et vraiment personnelle.

Il serait à souhaiter que ce vitrail fût dessiné par une main habile et reproduit en chromolithographie. Il ferait un excellent sujet d'étude pour les peintres-verriers de nos jours, qui s'inspirent beaucoup trop de la gravure, et pas assez des œuvres de leurs devanciers.

www.ingramcontent.com/pod-product-compliance
Lightning Source LLC
Chambersburg PA
CBHW030109230526
45471CB00003B/1329